ELEMENTS

5つの建築 5つの断章

石川素樹 著

ELEMENTS

5つの建築 5つの断章

本書を発行するにあたって，内容に誤りのないようできる限りの注意を払いましたが，
本書の内容を適用した結果生じたこと，また，適用できなかった結果について，著者，
出版社とも一切の責任を負いませんのでご了承ください．

　本書は，「著作権法」によって，著作権等の権利が保護されている著作物です．本書の
複製権・翻訳権・上映権・譲渡権・公衆送信権（送信可能化権を含む）は著作権者が保
有しています．本書の全部または一部につき，無断で転載，複写複製，電子的装置への
入力等をされると，著作権等の権利侵害となる場合があります．また，代行業者等の第
三者によるスキャンやデジタル化は，たとえ個人や家庭内での利用であっても著作権法
上認められておりませんので，ご注意ください．

　本書の無断複写は，著作権法上の制限事項を除き，禁じられています．本書の複写複
製を希望される場合は，そのつど事前に下記へ連絡して許諾を得てください．

出版者著作権管理機構
（電話 03-5244-5088，FAX 03-5244-5089，e-mail: info@jcopy.or.jp）

JCOPY ＜出版者著作権管理機構　委託出版物＞

| 目次 | ただそこに在るもの | 015 |

1　対話
中央の家　017

2　観察
南荻窪の家　043

もともとそこに在ったもの　069

3　全体
望月商店　071

4　過程
桜丘町のビル　097

5　細部
西参道テラス　123

これからもそこに在るもの　149

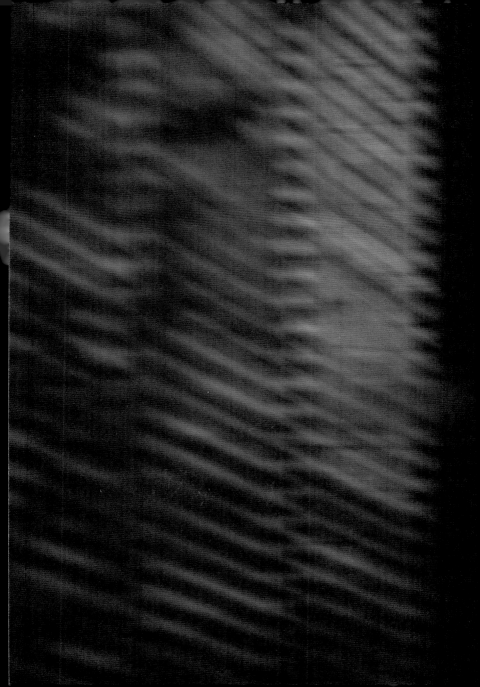

014

ただそこに在るもの

時を帯びた建築は美しい。

建築は、動かない風景として、連続している時の流れの中に佇むがゆえに、波立たせるかのように主張することも、唐突に分断し、そこがゼロ地点かのように始めることもできない。場所を遡り、時間の残滓を丁寧に拾い集めることができれば「ただそこに在るもの」になっていく。

時間を捉えていつまでもそこに建ち続けるものは、そのときどきの理性だけで生まれたものではなく、無意識に埋め込まれた感性に響く愛すべき要素をもち得ているからこそ在り続けられる。

しかしながら往々として理性的な理論も欲求に近い感性も恣意の塊となりやすい。理性、感性、どちらかのみを免罪符に建築ができてしまうことは避け、その両方をもって建築をつくるべきだろうと常考えている。その思考の足跡を、5つの建築と5つの章を通じて辿っていく。

016

1 対話　　中央の家

人柄

住宅を設計するとき、建主と初めましての間柄でいきなり何かを知ることはできないから、とにもかくにも「ざっくばらんに話を聞かせてください」なんてところからいつも始まる。「家とはこうあるべき」という価値観は時代とともに変わり、これまでとは違ったものを求める人も増えてきていると感じるが、反面、どこかで見た何か、つまりは自分の中に蓄えられているものより表面的な情報が会話の入口であることも多い。ただ、その入口からだけだと好みなどの一端しか知れないので、ふだんの日常や家族のこと、仕事や生活、趣味、将来の話まで多岐にわたり、対話していく。

要望や諸条件を洗い出すことはもちろん欠かすことはできないけれど、たとえば箇条書きに書かれた要望リストを形にするだけでは、仮に設計はできたとしても、建主の本当の希望を叶えることはできない。とはいえ、時間をかけて話をすればいい、考えたものをプレゼンすればいい、というものでもないから難しい。

「中央の家」は、駅からほど近い、いわゆる都心の閑静な住宅街にある。
四方を住宅や集合住宅に囲まれ、東側には道路を挟んでバルコニーをこちらに向けた集合住宅があり、西側の隣地は旗竿敷地で、南側にその竿部分であるアプローチが接している。起伏があるエリアで、道路と敷地に1.5メートル程度の高低差もありながら、斜線制限などの制約もある。この高低差や囲まれている状況下における隣地との関係性などが課題であった。

建主との数多くの対話の中で、ご主人がバイクや釣りといった趣味を数多くもつことを知る。そういった要素が将来増えたり変化したとしても対応できるように考えつつ、敷地環境をふまえた駐車スペースや外部の在り方を模索することとなった。

敷地環境を素直に捉え、高低差に対する土留めも兼ねたRC造の上に木造を載せた構成とし、道路レベルに合わせた地階に多趣味ゾーンと駐車スペースの面積を確保した。斜線制限をかわすとともに全体のプロポーションを整えるべく、扁平梁やシャッターを組み込み、階高を抑えている。視線の抜けや風の通りと過不足ない光を確保するために、木造の上階には南側に中庭を設けている。敷地の高低差を利用し、南側隣地のアプローチとレベル差をつけることで視線の交錯が生まれないようにし、植栽を配することでゆるやかな仕切りとした。さまざまな要素を兼ねた二つの外部空間を設けることが、都心の囲まれた環境を感じさせない豊かな住環境の実現に至ると考えた。

一定の共感を求める量産品ではなく、「暮らしや将来に寄り添ったものとは、どういうことなのか」を一緒になって考えていく。守りたい、変えたい、もしくは定まらない価値観を少しずつ知り、人柄を感じることが本質的に寄り添う建築への一歩となる。

家族

仲がいい、付き合いが長いといった旧知の間柄でも、その人の家族やパートナーに会うと、友人同士のそれとはまた違う印象を抱くことはままある。それはその人の領域やプライバシーに対する感覚の差といえる。オープンなのかプライバシー性が高いのかという対極だけでは測れない、気配や音に至るまでの微細な領域。特に住宅のように特定の人が使う場合には、その「距離感」を知る必要がある。これは言語化しにくく、またともに暮らす家族全員、それぞれ違う距離感をもっている。それを「一つの建築」に統合していくことが設計の役割となる。

「中央の家」は高基礎の上のような安定感がある1階に食べたり集う場と水回りを、2階には個々に過ごすことができる寝る場や屋根裏スペースという構成とし、上階に行くにつれてプライベート性を濃くしている。平面上では、階段と玄関や水回りを近い位置関係にして、くつろぐ場との間に中庭を設け、距離をとっている。その中庭部には、1階は食べる場、2階には子どもゾーンと親ゾーンの間にピアノや読書ができる場といった、それぞれの家族スペースを緩衝帯として、性質に合わせて配置した各場所とつないでいる。そうした縦軸と横軸を織り交ぜることで、距離感の濃淡を調整している。

建具やサッシの高さを合わせ、その高さを基準に素材を切り替え、空間同士に小壁や下がり壁での開口部をつくり、「通る」や「くぐる」あるいは「外を望む」などのふるまいが自然に起こるようにしている。空間が隣り合えば単純につながるということではない。天井高やボリュームの異なる空間同士が自立しながらもつながるようにコントロールしている。

各場では設えを合わせたテーブルやチェア、ソファ、カウンターやベンチを造作することで、一体感をもたらしている。都市の中の限られたスペースに密度濃く細やかな操作をすることで、ほどよい距離感が連続する都市型住宅の一つの形を示した。

建主家族との対話では、「たわいもない会話にこそ本質に近いことが隠れている」と思うことがよくある。建築の心地よさは、「暮らす人の距離感がほどよくなる」ようにすることで大きく変わる。そのため、建主家族の空気感や気配、音や匂いといった五感の感覚値を知り、どう見極めて設計に反映させるかが大事だといえる。

生活

人の行動、営みには切れ目がない。空白が生まれることもない。この営みにリズムを与えるものが建築といえる。人は違和感を抱いてもその場に慣れる、もしくはなじむことができるから、どういう建築でもある程度住んだり使ったりできてしまう。だからこそ押しつけるではなく、暮らす人が最初からそうしやすいものにすると、親しみを感じてよりよいリズムで生活ができるようになる。

水回りや動線は、それらの特長がより顕著となって現れる場所である。
「中央の家」のご主人は、仕事柄、時間が不規則な側面があり、朝早かったり夜遅かったりするので家族に気を使わずに使える水回りの配置が必要だと思われた。奥さんはキッチンがオープンなものよりも掃除がしやすいものの方がストレスなく使えるようだった。そこで、階段を囲むように、水回りや収納、ユーティリティを配置した。玄関から水回りを経てプライベートなゾーンまでスムーズな動線を確保することで、その両面の解決を図っている。家事をこなすための水回りやキッチンとの関係性、食べたりくつろぐ行為と、寝るなどの使う時間帯が分かれる行為を「どう組み合わせるのが適切か」を考察する。

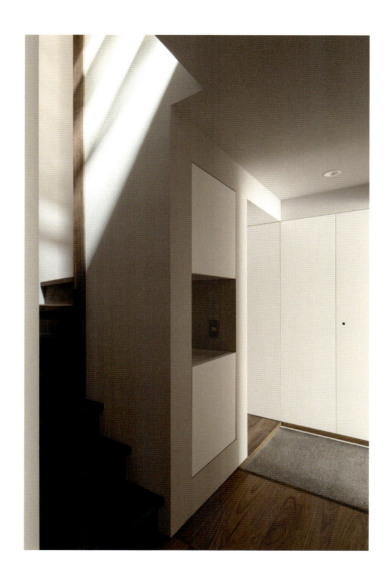

地階も階段を中心に室を配置し、玄関以外に直接収納庫にアクセスできる扉を設けた。趣味として使う場合も、迎い入れる・出かけるという動作に対しても配慮し、この扉を設けてつなげるといった操作のみで、全体をあますことなく使えるようにしている。1階においても、どの面からも中庭への出入りができるようにすることで内部の中の外部のようにその一体性を強めている。「どういうふうに使っているか」という習慣だけに着目するのではなく、よりよい使い勝手はどうあるべきなのかを考え、「どう使いたいか」を見極めつつ、その人の価値観や習慣に合うかどうかを検討していく。

「生活する」という根源的な部分を見つめ、それが本当に必要かどうかまでを掘り下げて考えることで、切れることがないリズムを生み出せる。そうしてつくられた「営みのリズム」は、未来の暮らしにまでよい影響を与えていくことができる。これもまた建築のもつ力だと考えている。

将来

価値観や家族構成、生活は時とともに変わっていくものだから、いま現在だけの話を聞き、それだけで判断するわけにはいかない。何十年、何百年という時間軸をもつ建築と、それを使う人たちとの良好な関係性を築くためには、目先の便利さや見栄え、目新しさに囚われることなく、将来の暮らしを見据えた設計が必要だ。たとえば、「子どもたちが大人になったら多世帯住居にする」といっても、それが実際どうなるかは誰にもわからない。不確定な要素だから排除するのではなく、誰だって年を取れば体も生活リズムも変わるといったさまざまな変化をきたすからこそ、「起こりうる未来に対応できるか」が重要な要素となる。

メンテナンスを必要としない建築も、壊れない機械も存在しないが、それがいつ必要なのかを知っておくためにも、建築はなるべく住人たちでメンテナンスできるような単純なしくみであった方がいい。「中央の家」ではRC造の上に明快な構成の木造を載せることで、将来の増改築にも対応できるようにし、かつ設備の位置関係を単純化、配管も隠蔽せずに納めている。なんでもかんでも業者任せではなく、自分たちが使っているもののしくみを理解することで、建築との良好な関係性を構築することができる。それを無理なく行動や営みに組み込めるように、設計者が心を砕いて考えていく。それが結果として住む人の将来の暮らしにつながっていく。

2階の各室は、必要に応じて壁を取り一室に変えたり、収納庫やロフトも用途を変えたり広げたりできるような余地を残した。無理のない素直な構造体の構成とすることで、時の流れとともに変わる生活や家族構成の変化に対応できるようにしている。

各部位は更新性と手の加えやすさを考慮して簡便な方法で納めた。水回りはできるだけ形状をシンプルにし、建具や造作関係は高さ関係や納まりを統一している。仕上げに関しては、プロポーションや納まりで空間を成立させることで、将来的に経年変化などで違うものに切り替えたとしても、仕上げによって空間が左右されないようにしている。

先々のことを突き詰めて考えていくと、建築はより根源的なものとなる。その上で、単純でありながら人の暮らしに合うということ。そのためには、現状のみを考えて組み立てるのではなく、どんな変化でも受けとめることができるように、余白を残すこと。

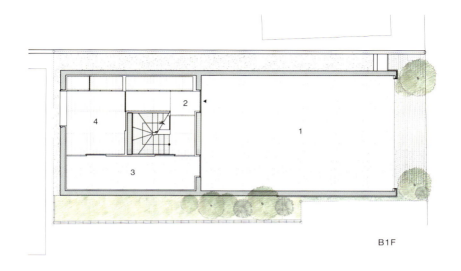

B1F

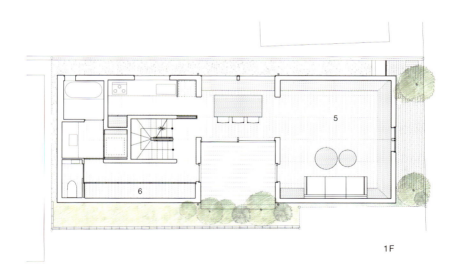

1F

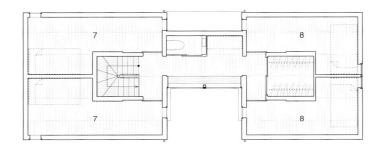

2F

中央の家

所在地	東京都中野区
竣工	2018年11月
主要用途	専用住宅
構造・構法	鉄筋コンクリート造、木造
敷地面積	99.17㎡
建築面積	59.31㎡
延床面積	181.00㎡

構造	mono	森永信行
造園	zoen	蓑田真哉
家具	RILNO	田中智也

1 車庫
2 玄関
3 クローク
4 納戸
5 居間
6 収納・ユーティリティ
7 子ども室
8 寝室

PLAN

1 車庫　　　5 居間
2 玄関　　　6 収納・ユーティリティ
3 クローク　7 子ども室
4 納戸　　　8 寝室

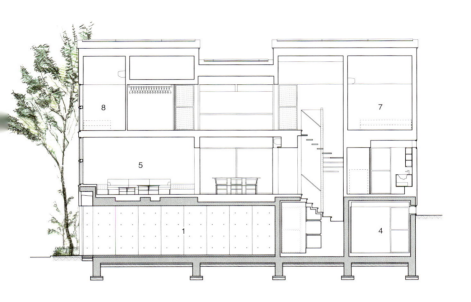

SECTION

0　　　　　5m

2　観察　　南荻窪の家

場所

原初の住まいは、たとえば太陽がどこにあるか、水は近くにあるか、まわりに危険はないかといったことをまず知り、「ここなら身を守れる」というところに目星をつけるところから始まった。眠った後も無事に目覚めることができるのか、ここで生きていけるのかという「見極め」がどれだけ重要だったかは想像に難くない。ありとあらゆる場所にどんな建築でも建てることができるようになった現代においても、その場所を見て、感じ、調べ、目星をつける必要性は原初からさほど変わってはいない。場所が求める何かを「観察」し、可能な限り素直に応えることが、その地を活かすことに自然とつながっていく。

「南荻窪の家」のある敷地周辺は、住宅街ではあるものの緑が多く、ゆったりとした地域性をもつ。長い年月が感じられる木々や植栽は、人の手がほどよく入っていて心地よく、一つ一つの敷地が大きいにもかかわらず謙虚な佇まいの家が並ぶ。そのいずれも長年そこに在ったことを感じられる"時"を纏っていた。東西に20メートルと長い敷地で、道路に対して地盤は高く、東側にはもともと植わっていた柿の木々とその先には緑豊かな隣家の庭、西側の前面道路の向かいは人の手から離れた鬱蒼とした雑木林、南側には隣の敷地であるものの庭として使用可能な空地が広がっている魅力的な環境であった。その空気感は東京ではないどこか、自然が残る住宅街というより趣きのある閑静な避暑地に来たかのような印象を受ける。

東西の生い茂った木々と南側の広い庭に囲まれたこの場所には、心地よい風が吹くだろうし、窓からは、美しい木漏れ陽や明るく照らされた庭を眺めることもできるだろう。または、自然の力が土埃を舞い上げ、ときに大きくしなる木々に不安を感じたり、空地に吹き下ろす寒風や南側からの強い日射も容易に想像がつく。

その場所が投げかけていることを見つめ、最初の手がかりを探っていく。幾度もその場所に立つことで導かれたイメージから、風雨や日射を味方につけるべく堅牢に、そして周辺ともなじみがいいよう、豊かな外構の中におおらかではあるが慎ましく、年月とともに品位を育んでいける建築こそがそこにあるべきもの、という思考に至った。

方位、周辺状況、インフラ、地盤の他、その場所の成り立ちや環境といった諸情報も、その場に行かなくともある程度知ることができるようになったとはいえ、空気感や周辺との関係性は、実際にその場に行ってみなければ感じることはできない。さらに、住んでみて初めてわかるといったその場所の固有性を掴むには、本能的ともいえる肌感や直感として感じ取れるまで「観察」を繰り返す必要がある。そうしておぼろげながら見えてくる目星こそが、場所を理解するための最初の一歩である。

風土

実際に身を置くという行為は、気象や気候、景観や地形、地盤や植生など、その風土を読み込む上で欠かすことができない。一方で、時間にともなうさまざまな変化により本来の姿から大きく変わっていることに気づけると、過去から現在に至るまでどうあったのかという「場所の記憶」を紐解くことができる。そうすれば「観察」はより奥行きを増していく。

その昔、荻窪という窪地に対して南側は、田園風景が広がり、高台の松林越しに富士山が望めるような景勝地で、その後の開発により都心に対する別荘地のような存在になったという。「南荻窪の家」の敷地はもともと南側の隣地と一体の土地で、古い日本家屋が建っていた。建主に住んでいた頃の話を聞くと、周辺は昔から大きめの区画で庭と緑があるほどよい密度の街並みであり、多少なりとものの姿形を変えども現在に継承されていることがわかった。

そのような場所性から、一間で続くかのようなゆったりとした空間を簡素な屋根と矩形で包むことにした。敷地の高低差を活かし、高い部分の中心に家族が集う場を据え置き、低い部分に半地下を設け、その上階に屋根裏のような空間をつくっている。用途や位置でボリュームの差をつくり、個々の室に見合う光を採り入れ、高低差を結ぶ小さい階段部が緩衝帯となり、適度に距離を取りながらも集う場と個の場の連続性を確立した。

南荻窪の家

将来像を見据え、まだ小さい子どもたちの場所は間仕切りを設けず、自由に使えるようにし、今後室化させたりまた取り外したりと、その連続性に変化をつけることができるようにもしている。

建築は一度つくられると長い時間その場所に建ち続ける宿命をもつ。ゆえにいまの姿だけに囚われるのではなく、「場所の記憶」を辿り、自らもその一部となること。その地に呼応した街並みの一部となるための方法を模索していく。

地域

街を歩く。より大きな視点で俯瞰することで、さらにその理解を深めていく。
生活インフラの確認も必要となる。加えて、建主に寄り添った設計をするため
に、近くにどんな店や商店街があるかといった生活に密接にかかわるものを
見てまわる。歩きながら「建主はこの地域でどう生活するのだろう」と想いを
巡らせていく。

敷地周辺の常緑や落葉が織り混ざった庭からの季節を感じさせる芳香や時
折聞こえる子どもたちの声。近所の人と気軽に触れ合えるようなハレとして
の外部と、ゆったりとした日常としてのケが織り成す街並み。大小の視点で住
宅街も商業地区も見つめるとその変化は唐突ではなく、住宅街の中もそれよ
り大きい街としての視点で見ても、さまざまな植栽や外構が細かく緩衝帯とし
てつなぐ役割を果たし、変化しながら連続していることがわかる。グラデーショ
ンのように連続する街に対し、日常にもゆるやかな連続をつくることが、これか
らの暮らし方にふさわしいと考えた。

「場所の記憶」として育まれてきた街並みと、建主がその場所で瓦屋根や漆
喰の古い日本家屋で育った「人の記憶」とを風景に内包すべく、昔からそこ
にあったかのような原初的な住居として、おおらかな空間に大屋根を架けて
いる。

高台の敷地レベルと窪地からの道路レベルとの高低差による圧迫感が生まれないよう、手が屋根に届く位の高さのプロポーションで、敷地形状を活かした長い平屋形状とした。重心が低く伸びやかな大屋根の水平ラインは、ゆとりある街並みにも寄与できる表現であると考えた。軒下は、内部から外部である庭との連続を生み、庭の植栽は街並みに対して、視覚的にも物理的にも距離感をつくる緩衝帯としている。

建主が言葉にしないような心象や想いを浮かび上がらせる。
これが住宅設計でめざす最たるものの一つだろう。向こう三軒両隣の時代ではないのかもしれないが、利便性だけではない、環境や風土に対する愛着は誰もがもっている。街並みに形や色、ボリュームを揃えればいいということではない。建築されるものが、建主に対しても街並みに対しても、誠実な姿であるために、これまで街がどのように形成されてきたのかを知り、住まう人たちの愛着に共感していく。

情景

「情景」を想い描くことの大切さ。

「いまその瞬間に対して」ということではなく、あるいは「過去に戻っていく」ということでもなく、その街の移り変わりからいまに至るまで、そしてこれからがどうあるべきなのかを考察すると同時に、その場における感覚に耳を澄ましていく。つまりは、そこにいる人たちの営みの中に入れてもらうわけだから、どこかの時を切り取るでもなく歴史性といった考察だけでもない、先人たちの心象にも溶け込めるような風景を見つめていくことが、その場その街になじんでいくことにつながっていく。

「南荻窪の家」では、四周に回された庇と大屋根による小屋組空間を一体に捉え、内外ともに現れる水平ラインが大小の気積をつなげ、伸びやかな表現を実現している。現した野趣溢れる梁が表現として強くなりすぎないよう、また風雨から守るべく、屋根と庇は防水性能を考慮した上で破風を排し、ハゼの端部を畳み、より水が切れるように軒先を伸ばしてそのシャープさを強調した。屋根と庇の納まりが全体プロポーションのバランスを整えるようにしている。

昔よく聞いていた曲が街中で流れてたりすると、その当時のことが思い浮かぶことがある。微かな香りや口にした味でハッと昔を思い出すことがある。視界に入る風景がなぜか懐かしく感じるなんてこともある。誰しも心象風景があり、それは何かの折に五感が刺激されたときにふと思い出したり感じたりする。

懐古主義的にその街の情景を描くのではなく、新しくなっているはずなのに五感の琴線に触れ呼び覚まされるかのように情景を想い描いていくには、その街並み特有の時間軸を感じ取り、なぜそう感じるのか、どんな風景であるべきなのかを言語化できるところまで思考を繰り返す必要がある。その先に生まれる表現は、新しくなりつつも場所の情景を描くことができる、継承と革新につながっていくと考えている。

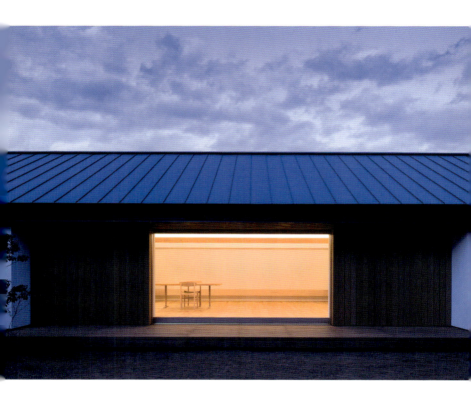

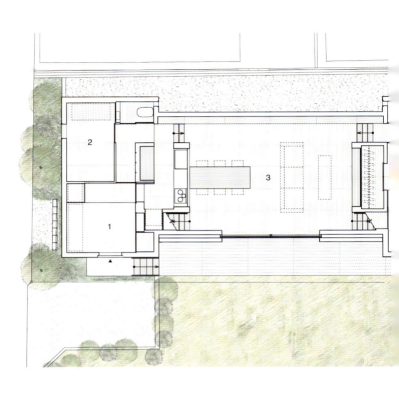

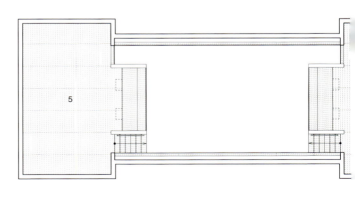

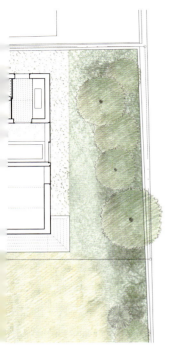

1F

南荻窪の家

所在地	東京都杉並区
竣工	2017年3月
主要用途	専用住宅
構造・構法	木造
敷地面積	188.47㎡
建築面積	93.23㎡
延床面積	146.05㎡

構造	mono	森永信行
造園	zoen	蓑田真哉
家具	RILNO	田中智也

2F

1 玄関 　4 主寝室
2 客室 　5 子ども室
3 居間

PLAN

 0 5m

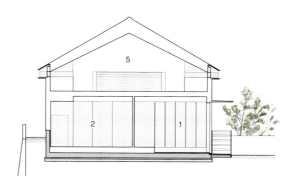

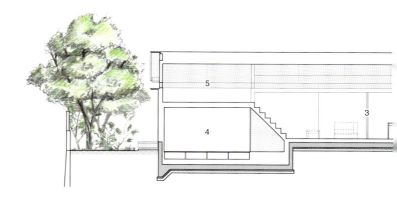

1 玄関　　4 主寝室
2 客室　　5 子ども室
3 居間

SECTION

068

もともとそこに在ったもの

自分の家をつくった。正確には古い家屋を改修した。

そこにもともとあった何の変哲もないその家屋の古びた建ち姿を初めて見た
ときに、なぜか引っかかるものがあった。
しばらく放置されていたからなのか、所々くたびれていた。幾度か訪れるうち
に、一見しただけではわからなかった、時間とともに手をかけてきたであろう
痕跡がそこかしこにあることに気づいた。
「大事にされてきたこと」が芯のようになってその家屋を支え、時を重ねてきた
からこそ醸し出されている「何か」に惹かれている自分がいた。

そこに新たに何かをつくり出すことも、そこにあったものに手を入れることも、
その時間軸に触れる意味ではさして変わらない。根源的には新しいか古い
かではなく、その瞬間ではない時間を共有できているかどうか。

汚れやくたびれた部分を取っ払ってみると、素性のよさが顔を出し、「この建
築に手を加える」という判断に至った。傷んでいる箇所を修復し、最小限の
手数で整理と刷新を行う。ただそれだけで、必要にして十分な成熟した一つ
の建築へと昇華していくと確信できた。

3　全体　望月商店

骨格

構想が整理されてきたころ、ようやく手を動かし始めるが、すぐにプランということではなく、それまでの経緯をもとに抱きつつあるイメージや考え方を固めていく。漠然とした感覚や散漫としていた考えを取りまとめ、具体的に言語化できるところまで繰り返し手を動かしていくと、霧が晴れるかのように、自ずと骨格となる構成やボリューム、構造の取っかかりが見え始める。その場所にふさわしい計画をブレずに進めるためには、近道を求めず、愚直に考え続けた末に「整える」作業に入るべきだと考えている。

「創業百年」という大きな節目を迎えることから建替えを行なった酒店と住居の職住一体の建築である「望月商店」。起伏の少ない街にある、低層の商業施設や集合住宅、戸建て住宅などの建物群が混在して並ぶ幹線道路沿いの敷地ということから、街並みになじむようボリュームを抑え、「圧迫感を感じさせない設え」が核になると思われた。街とともに生きてきた「百年」の歴史をふまえ、アイレベルは堅牢でその場に生えているかのような、文字通り、地域に根ざした表現が望ましいことが同時に考えられた。過ごしてきたその場所をこれからも守り、時を刻む、これらのイメージから、職住一体となる空間に堂々とした大屋根を架けることがふさわしいというところに至った。

固めたイメージから構成と構造を落とし込むにあたり、用途が違う室同士の音の問題にも配慮しつつ、住居部の将来の増改築が容易なように、1階を堅牢なRC造の店舗、2階を軽やかな木造の住居の方向で進めた。RC壁面を斜めに、構造的にもフォルムとしても安定した形状にすることで、店舗として大きくしたRC部のプロポーションのバランスを図った。また酒を扱うという性質上、店舗空間には年間通して一定の室温が必要なこともあり、壁に少し傾斜をもたせることで室内側の垂直面との間に断熱材を充填し、温度変化は小さいが、気積の大きい空間を実現している。構造上有効な傾斜状の柱型を残してR状に壁を抜くことで、重厚で存在感はありながらも圧迫感のない明快な「骨格」に行き着いた。

「骨格」には、さまざまな自然の猛威や暑さ寒さから身を守ることができる堅牢さと快適性が求められる。過度なスペックは必要ないが、強度だけではなく断熱や気密といった性能面も視野に入れて形成しなければ、人が使いやすい・暮らしやすいということにはならず、素の力がないため、さまざまな二次的な道具に頼る仮設的なものとなり、長い時間軸に耐えることができない。

陰影

人の居場所の原風景は屋根であり、原初から人は風雨や日射から身を守るために堅牢に建て、覆われた屋根から生まれた影に差し込む光や風とともに暮らしてきた。現代ではいくらでもタフに、そして明るくつくることができるがゆえに、明るければいい、眩しければカーテンを閉めればいいとなりがちだが、人の感情を刺激し生活を豊かにする光をどう採り込むか、どういう陰影となるのかを考えることが大切だと考えている。四季があり、朝があり昼があり、夜がある。始終明るくではなく、そのときどきに応じた光を採り入れ、「生まれる"影"がどう落ちるのか」を考えていくことが本能に即しているといえる。

「望月商店」では、オーナーがすぐ使えるように、かつ店舗の接客に影響を及ぼさないように2階住居部に隣接して商談とお得意さんが試飲できる場を設け、吹抜けを介して1階店舗とも一体となるようにしている。各空間の端から端まで天窓を設けることで安定した光量を確保し、さらに障子に通すことで、季節や場面に応じたやわらかい光を店内まで届くようにした。障子類は光や酒類に対する紫外線をやわらげるのみならず、閉めればプライベートな空間にでき、開け放して吹抜けとつなげることで自然通風によって暖気を逃し、室温を調整する役割も果たしている。

建物に囲まれている敷地条件から住居部にも天窓を設け、接する階段やバルコニーの屋根はくり抜き、窓の開閉により、そのときどきの季節や朝晩といった生活リズムに合わせた光や風の採り入れ方が可能となっている。各室は建具で区切る程度で完全に閉じていないため、光と風がまわり、閉塞感を感じさせない空間構成となっている。加えて、住居部ロフトから店舗吹抜けまで通るトンネル状の開口からもれる光によって、全体像とその気配をうっすら感じ合える関係性とした。

暗闇の中に差し込む一筋の光に希望を見出すように、光や影にはさまざまな力がある。やさしく包み込むような太陽の光もあれば、感情を刺激するような月明かりや光り輝く星空もある。あるいは、人を寄せつけない闇も日照から身を守る影もあるし、影が伸びて日が落ちるのが遅くなったことを知るときもある。

人に寄り添った暮らしやすさには光は欠かすことができないが、光は光だけでは成立せず、常に影と表裏一体であるがゆえに、光の中の影をきらうのではなく、影の中の光がどうあるべきかを見つめていく。そのためにはその光を感じるその場の影を四季折々に、たとえば、木漏れ陽からの心地よい風、寒さを和らげるやさしい光というふうに、空気感を同時に考えていくことで、その空間、その建築にとって最良な光を導いていく。

素材

建築の素材は、木や石、土から金属系のものやガラス、樹脂などその種類は多岐にわたる。用途に応じて加工されたそれらをコストや性能、テクスチャを考慮して適材適所に使っていく。他方で、新しい技術などで生産・加工された合成物を使うことがすでに当たり前となっているが、自然界にあるものだけで性能も表現も十分だと考えている。テクスチャとして自然風にしたいか否かなどという理由ではなく、素材そのものの特性をよく知り、天然資源の絶対量として使うべきかどうかを注視し、表現すべき空間に適するかを見極めることが大切である。

「望月商店」の内部は漆喰や杉で仕上げている。百年というその歴史からも、石や紙・杉・漆喰といった普遍的なものが似つかわしく、それらには温湿度を調整する効果もあるため、室温を一定に保つ必要のある空間においても一助を果たしている。木造部の外壁の小幅杉板は、1階の大きなボリュームに対してスケール感を調整し、その小幅を活かし壁と同化する跳上げ戸を仕込み、風量の調整もできるようにしている。これらの内外は灰色に塗ることで一体感をもたらしつつ、経年による風合いのムラに対してもなじむよう配慮した。

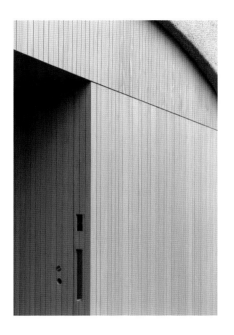

堅牢な骨格としてのコンクリートには、「ビシャン仕上げ」を施した。これは、平滑なコンクリート面より、石のように見立てることで、存在感は放ちつつもなじみやすい表情となると考えたからである。表面を叩くことでパネル割などが目立たなくなり、コンクリートに一体感が出ることで、より純粋に「骨格」が見えてくる。

パネル割は意匠性より施工性を重視でき、叩かれた表面は汚れも目立ちにくいのでメンテナンス性も良好となる。荒くなりすぎない程度に叩き、陰影ある表情を出すことでRC部が強く出すぎないようにし、木部とのバランスも図った。斜め部やR部の出隅も叩くことで若干Rがかり、RC特有の冷たさやシャープさを抑えることで、人を受け入れるやわらかい設えとしている。

素材の集合体である建築は、その素材次第で強固にも脆弱にもなる。表面的な仕上げに囚われるのではなく、その場において求めることに対して「確実な素材が何か」を見極め、何の仕上げを施しても成立する強固なプランであることが大切となる。その上で、よりよく吟味して素材を上手に用いることができれば、建築自体の魅力を確実に向上させる力となる。突飛なものを使い、表現の一端を背負わせるのではなく、無理のないどこでも手に入る素朴な素材の力を最大限に引き出した建築には、何の過不足を感じることもないはずだ。

日常

大きな窓があっても普段はカーテンを閉め切っている、掃除も大変だから結局いくつかの部屋しか使っていない、といったことを耳にする。自分の家ができる前までは「せっかくつくるなら」と理想的な生活ばかり求めてしまうものだが、それまでの何十年と生きてきたその人の「日常」を急に変えることは簡単ではない。最初こそ意欲はあっても、結果としてよい使い方ができないケースはよくある話だ。これは人間の性として、仕方ないことでもある。しかし設計者は、それを見極めてプランニングできなければ、かけた時間も、さまざまなプランも、素材やディテールも、無用の長物となりかねない。

店舗は「来客がある状態」が日常で、住居は「家族で過ごすこと」が日常となる。「望月商店」では、そんな真逆ともいえる状態を「職住一体」として建築に内包するにあたり、「動線をどうつくり、どう分けるか」が肝となった。オーナーはもともと店舗と住居一体で長く暮らしてきたことから、店舗がすぐ近くにあるという環境が当たり前であり、無理に離してそのリズムを崩すということはせず、店舗部分と住居部分の出入りと空間の位置関係を距離で調整している。商談や顧客用の試飲のスペースは店舗の不特定多数の来客に比べて限定され、オーナーが使う頻度も高いことから、アクセスしやすいよう住居部分と隣接させ、「通常店舗動線、特別店舗動線、住居動線」と三分類の整理をすることで解決を図った。

店舗で働く人たちは接客以外にも商品の出荷や梱包も必要であり、「日々の諸問題を解決しながら業務を行うこと」が日常となる。そこで裏手にある既存倉庫側に事務所・荷捌場・冷蔵室からなるバックヤードを設け、在庫管理と出荷の迅速な対応を可能とし、通常店舗動線内に連結したシンプルな裏動線を取り入れることで、作業中でも店内のお客さんの動きが視界に無理なく捉えられるようにしている。酒店は商品を運んだり、リクエストに答えたり、あるいは探したりと忙しなく動いて接客を行う必要があるため、いかに無駄な動きが少なく、かつストレスなく業務に当たれるかを念頭に、動線や通路幅、什器サイズを建主とともに何度もシミュレーションを経て決定している。

積み重ねてきた動作の連続ともいえる日常を急に変えたり、そうそう起きない非日常的なことに注目するのではなく、その動作が淀みなく、よりよい形でスムーズに行えるように考慮する必要がある。空間の大きさといった身体的な感覚は慣れていくことはできるが、感覚に比べてそれに伴う通常動作は変えにくい、あるいは変えることに時間を要する場合が多い。対話と検討を重ねて手を動かしていくことで、「無意識の日常」がよりスムーズにふるまえる建築となっていく。

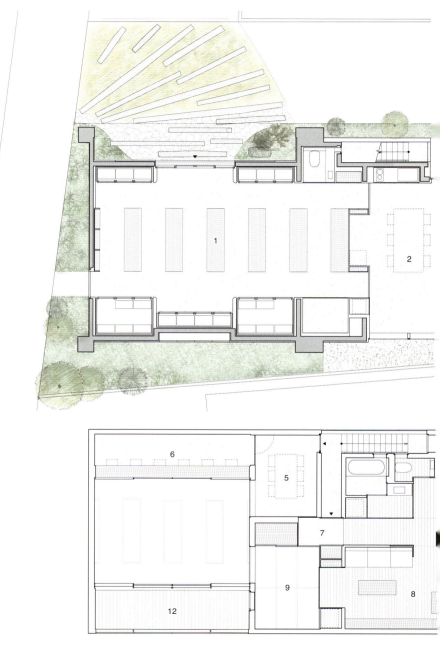

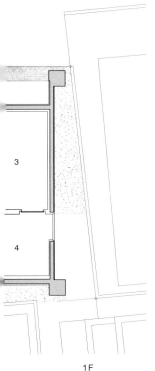

1F

2F

望月商店

所在地	神奈川県厚木市
竣工	2017年12月
主要用途	専用住宅、店舗
構造・構法	鉄筋コンクリート造、木造
敷地面積	208.03㎡
建築面積	141.61㎡
延床面積	240.86㎡

構造	mono	森永信行
造園	zoen	蓑田真哉
家具	RILNO	田中智也

1　店舗　　　　　7　玄関
2　事務所　　　　8　居間
3　冷蔵室　　　　9　和室
4　荷捌場　　　 10　主寝室
5　商談ブース　 11　収納室（上部ロフト）
6　試飲ブース　 12　バルコニー

PLAN

 0　　　　　　　　5m

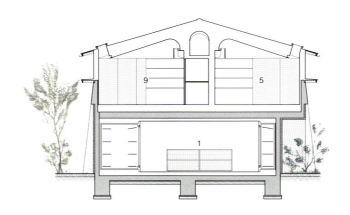

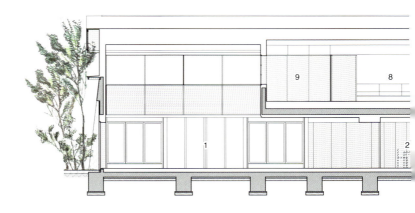

1 店舗	5 商談ブース	9 和室
2 事務所	6 試飲ブース	10 主寝室
3 冷蔵室	7 玄関	11 収納室(上部ロフト)
4 荷捌場	8 居間	12 バルコニー

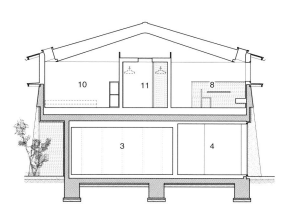

SECTION

0　　　　　　　　5m

4 過程　　桜丘町のビル

考察

設計を進めるにあたり、敷地調査や建主とのやりとりは欠かすことはできないけれど、たとえば賃貸や商業施設、オフィスビルなどの用途の建築においては、さまざまなことに対する「考察」も進める必要がある。収支計画がよくスピーディに建てることができるから問題ない、ということだけにするわけにはいかない。流れる時間の中で長く愛されるものとなるからこそ、その価値も上がるのであり、考慮しなければならない点は多くとも、根底にある考え方を変えてはならない。純粋に建築をつくるための思考を深めることが、結果として建主の要望を最大限に満たすことになる。

渋谷の再開発のエリアが目の前に広がる「桜丘町のビル」の敷地は、主要幹線道路から一本裏に入った場所にあり、緑が多く植えられている通りに面している。周辺は再開発により今後人の流入が予想されるエリアであるが、敷地は再開発エリアには入っておらず、裏手の路地沿いには古くからあるボリュームの小さいビルや集合住宅が密集している環境であった。だが、今後は建替えが進むことが予測され、周辺には高層ビルやホテルなどボリュームの大きい建物群があることから、低いボリュームにしてしまうと周囲からの圧迫感が懸念された。専修学校という用途で、収容人員が多いこともあり、天空率により建物高さを引き上げることが、敷地環境、用途において適切であるという判断に至った。

デッドゾーンが生まれないよう長方形の矩形とした教室に、エレベーターや階段、設備関係をまとめたゾーンを付属させるシンプルな構成とし、路地側に平行に配置することで、前面道路側に空地をつくり緑化帯を設けている。全体を斜めに振ることで、決して広くない通りに対して緑も相まって圧迫感を軽減し、室内からは低層階では通りの豊かな緑を借景に、中高層階では視界の広がりや抜けを獲得している。また階段部を前面道路側に配置することで単調になりがちなファサードに表情が生まれ、塊がそびえ立つような設えにならないように注意深く手を進めた。

住むということから、食べるや泊まる、あるいは学ぶ場や働く場など、建築の用途はさまざまだ。共通しているのは、人間が何がしらかの根源的な活動を行うためということ。だからこそ、人が使うということを最深部で考え、活動を生む欲求に対しての思慮を深める必要がある。これらの要素から建築が生まれるべきで、活動する場を商業的な都合に捉われ、表層的に決定していくことは避けなければならないし、何かの一片のみではない「考察」が重要となることを忘れてはならない。

要望

用途にかかわらず、つくる上での要望は多岐にわたる。「桜丘町のビル」はテナントビルやオフィスビルとは異なり、上階を専修学校、通りに面する1階部分は飲食店という用途で、ワンフロアは決して大きくない面積となることから、「いかに無駄がなくかつ使いやすいか」ということに焦点を当てている。1階の空地にデッキを設けて近くにある本校との親和性を高めつつ、空地の積極的な活用ができるようにしている。風が通り視線が抜けるように南北面の梁柱間はサッシで、南側に引きをつくることで採光や視線の抜けを確保し、設備スペースを設けた。これにより屋上に設備関係を設ける必要がなくなり、屋上部分もあますことなく使えるようにしている。

天空率から導いた高さに多くのフロアを入れるため、床と天井の懐には電気配線のみとして寸法を抑え、天井高さは確保しつつも階高を小さくしている。空調に関しては、水回り側の天井懐にコンパクトに納め、その経路も最短を辿ることで空間的にもコスト的にもロスをなくしている。加えて水回りやPSを最小限にまとめ、その場における最大限の大きさのエレベーターを入れ、機能性や合理性、メンテナンス性、施工性にも配慮している。これらの操作により、街や建物に寄与できる空地をつくりつつ、シンプルな空間を最大限に使えるようにしている。

要望は種々あれど、根っこは「愛着をもてるもの」ということになる。利用者も管理する側も使いやすければそれだけ愛着は生まれやすいし、道ゆく人もその出で立ちが素敵であれば風景として心惹かれるだろう。それには流行りの何かだからという瞬間的ではない、つまりは商業的ではない建築の本質に向けた視点が不可欠だ。

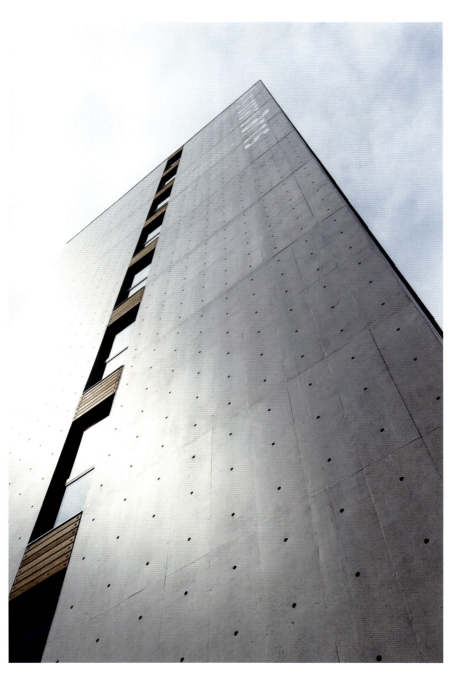

工程

設計においてのスケジュールは、基本設計から実施設計と徐々にその密度を高めていくので時間を要することになる。徐々にというのは、たとえば納得という承認なくして進め、結果手戻りが起きるといったことを避けるためでもあり、建主の要望に対して確実に答えていくためには手順を省いても時間短縮にならないことが多い。施工に関してはいたずらに時間をかければその分コストもかさむことになるので、適正なスケジュールを組む必要がある。現場で一つ一つつくっていくので、急がせるということはその分のクオリティを下げることになり、設計同様やり直すことになる可能性も高い。つまりは設計も施工も時間を短縮することは建主に対して結果として不利益につながりやすく、急がずに進めるためにはあらかじめの段取りが必須となる。

「桜丘町のビル」は、渋谷駅の喧騒からその先の閑静な住宅街を経て代官山に抜ける道の渋谷寄りの中腹にある。いわば緩衝帯のようなエリアであることから、シンプルなボリュームの構成をなるべく素のままに表現することがこの場所に適していると考えた。用途である教室に対する遮音性の確保や、周辺が一車線の道路や路地ということもあって大きい鉄骨を振り回すことが難しい状況をふまえてRC造という結論に至った。

面積に対して教室をレイアウトすると、当然矩形をフルに使える方が机などの配置の座りがよく、空間内に柱が出てこないように四本柱のラーメン構造とした。柱が過度に大きくならないようにかつそのサイズを各階統一させるために、下階に行くにつれ、コンクリートの設計基準強度を高めている。

四本柱と梁の構成は開口部に抱きを生み、軒下のような外部との中間領域の役割と、設備ゾーンや移動動線との境界の役割を果たしている。南北面はサッシ、東西は壁にスリットを入れて構造とは縁を切り、完全なラーメン構造として室内に柱梁を現し、単調になりがちな矩形空間にリズムをつくり出している。外部においては木部表現を絡め、開口部や全体のプロポーションを整理している。開校日という時間的制約がある中、シンプルな構成と形状、統一した納まり、資材や機器などを置く空地の確保という内容をもとに、早い段階での施工側との連携を取ることで1層あたり1か月という工程を実現した。

「建築は段取りが8割」なんてことをよくいう。用途が商業的であれば開業日などから急がなければならないなんて話になったりするが、設計から施工まで綿密に段取りを計画すれば、スケジュール通り進められ、慌てふためく展開にならずに済む。施工でなんとかしてもらうではなく、設計当初から段取りが意識内にある状態でいることこそが、思い描く設計を実現する最短かつ最良の道となることは何をつくろうとも変わることはない。

予算

建築はそのボリューム自体大きいこともあり、どんなに小さい部材もつくる人が
いて、それを現場で組む人が必要で、それ以外にも多くの人が携わり、また
その使用部材量も非常に多いことからも、時間同様、ボリュームや方法を無
駄なく合理的に考えて進めなければコストは膨らみ続けてしまう。

「桜丘町のビル」は全体のボリュームから大ぶりなパネル割ではなく、階高や
柱型に伴う割付を導き、打継ぎ目地を隠すことでRC面が大味にならないよ
うにしている。階段やサッシ部は板張りを施し、分かれがちな個々に一体性
をもたらすことでそのスケール感を調整している。足元まで同様のヒューマン
スケールな各部材の設えにより、通りに対してほどよくなじみやすいバランスを
求めた。強固なラーメンの構成はそのままに壁面をいくつかのボリュームに
分け、縦長のプロポーションをコントロールしている。

予算がないから材料のランクを落とす。だから安普請になる。そんなことは
ない。プロの料理人が一般的に手に入る食材だけを使って料理しても美味
しいものがつくれるように、建築も仮に普通の材料を使ったとしてもその特性
を最大限に使い、とてもそうは見えないように納めることはよくあることだ。欲
張りさえしなければ予算の大小に関係なく、その要望を満たすことは可能で、
それこそが建築をつくる意味でもあるはずで、予算が少ないから出来合いの
ものしか手に入らないということではない。

コストスタートの観点ではなく、意匠も構造も設備も突き詰めれば合理性の塊になり、それこそが無駄な費用がかからないことに結びつくわけだから、「コストに合う」を目的に据えるではなく、「その人に合う」を目的として合理的に設計を進めるべきだと考えている。

変わりゆく街並みに対しての在り方を模索し、素の状態まで無駄なものがそぎ落とされたこのビルが、この地域において楔のような役割を果たすことを期待している。

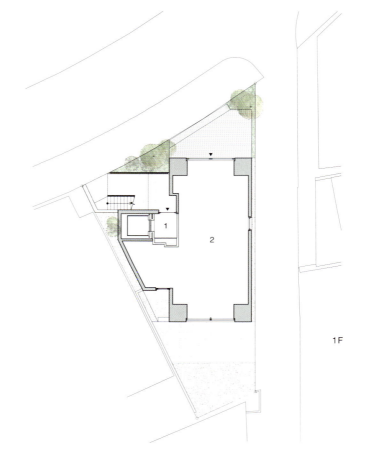

1F

桜丘町のビル

所在地	東京都渋谷区
竣工	2018年2月
主要用途	専修学校、飲食店
構造・構法	鉄筋コンクリート造
敷地面積	155.73㎡
建築面積	80.96㎡
延床面積	655.38㎡

構造	mono	森永信行
造園	zoen	蓑田真哉
家具	RILNO	田中智也

2F

3-9F

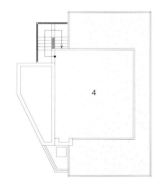

RF

1 ELVホール
2 店舗
3 教室
4 ルーフバルコニー

PLAN

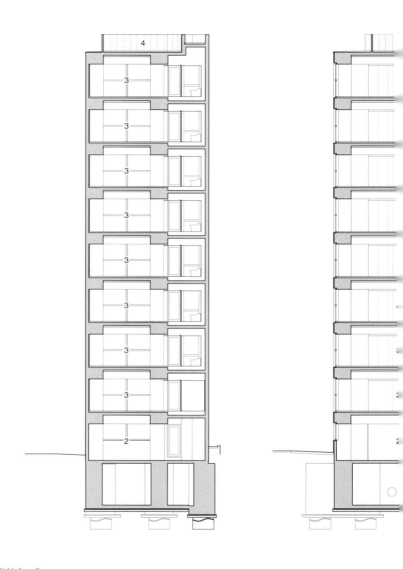

1 ELVホール
2 店舗
3 教室
4 ルーフバルコニー

SECTION

0 5m

5 細部　西参道テラス

呼吸

「細部」というと全体をつくってからと思いがちだけれど、実際には全体と同時に考えたり、細部から考え始めることもある。大きい視点と小さい視点は決まりごとのように順番があるわけではなく、それらを行ったり来たりすることが肝要となる。表現すべき建築から、空間やディテールなどどの構成単位をとってもシームレスであり、どの単位も何かに対しては細部なのだから、どれかだけを考えるべきということにはならない。

高層の建物が並ぶ都心に建つ「西参道テラス」は、四分棟・長屋形式の集合住宅である。街から建築、そして空間へと、それらがどうあるべきかの視点を行き来すべく街を見つめたとき、さまざまな理由で建てられた集合住宅やビル群はその容姿や体裁もまちまちで、取り留めのない通りが広がっていた。

街の細部としての「建築」は、そばに通るヒューマンスケールな緑道と呼応するように、分棟でボリュームを抑えつつ、プロポーションと建ち方を圧迫感のないものとしている。その分棟をさらに移動空間としての「階段棟」と滞在空間の「室棟」に明確に分け、動線を整理している。室棟は階段棟を介さずに室同士が中庭を通じて行き来できるように螺旋状につなげ、棟のボリュームを最大限感じれるようにし、同じ構成の棟の配置向きを変える最小の手数で各棟の視線が交錯しないようにしている。

空間を構成する「細部」においては、この建築のために丸太から製材し加工した杉材を配し、綿密に割付や赤身・白太・源平の箇所を考慮している。木材という材料ゆえのゆるさのようなものが出すぎないよう調整することで、素材感にばかり捉われない、あるいは素材のみが先行しない、ごく自然にそこに配置されているように納めた。また、建具や開口部から床壁天井の各部位まで、適宜見切りとしての目透かしを入れ、それぞれの性質に合わせた仕上げと、見切る・見切らないという操作によって、空間にゆるやかなつながりや分節をつくり出している。

細部と全体との間の飛躍の仕方と建築の完成度には密接な関係性がある。細部を普段意識すらされないほど自然なものへと落とし込むためには、必然性をより明確にすべく「何に対してのディテールなのか」を見つめ、最大単位から最小単位に至るまでの関係性を繰り返し原寸で考えることが大事となる。

動作

住み慣れた空間内ではそれなりにどこに何があるか覚えていて、無意識に身体が反応していることがある。暗がりでも身体が覚えているスイッチや扉のハンドルの場所に手を伸ばしたりするあれだ。使い勝手がどうであろうが、なじめばなじむほど身体が自然に覚えてしまうだけに、「その空間がどういう動作をもたらすのか」を考え抜かなければ、使いにくさが慣習化してしまって無駄が多くなる。それをおそれ、どんな動きにも対応できる万能な何かを用意しても、歳月とともに変わりゆく動き方にまでは追従しにくい。空間に対して最低限必要なものを必要なところに配することが、必然的に無駄な動作をなくすことにつながっていく。

「西参道テラス」は賃貸の集合住宅であることから、老若男女あらゆる人に使われることを想定する必要があった。ターゲットの幅が広いと「一般的・標準的」という括りで納めがちだが、ここでは「人の動き」をあらためてゼロから問い直した。結果、室内の建具は開閉感覚が同じになるように、すべて共通の納まりとしている。幅などのサイズも各室合わせた引戸とし、サッシも開閉方式を統一。「通る」や「開ける」といった動作がそこかしこで変わらないよう動きやすさ・動かしやすさに配慮し、身体がより覚えやすいようにしている。

寝る・食べる・くつろぐなど、住宅内で行われる動作は多い。家具を用いることが多いそれらの動作は、一切の無駄のない動きというよりもゆとりある自由な動作が求められる。そのためには、どこに、何を、どういうサイズで置くのかをあらかじめ検討しておく必要があり、ここでは素材や意匠、プロポーションに配慮した造作カウンターを設置し、置き家具を適切な場所に配置できるようにしている。それらの場には、中庭の緑や空がきれいに見える位置に開口部を設けている。枠廻りの納まりは他の室内建具部と共通させることで空間に溶け込ませた。

動作は突き詰めれば「美しい所作」へとつながっていく。
何かのためだけの動き方ではなく、何かをしながらできる身のこなしをつくり出すためには、必要なものを配置するだけではなく、それを抵抗なく無意識下で行えるようにする。一般的や標準的という表層では、つくることができない質がある。そのために考えられた身体性と機能性を有する細部により、「使いやすい、居心地がいい、豊かな」という空間の質を高めることにつながると考えている。

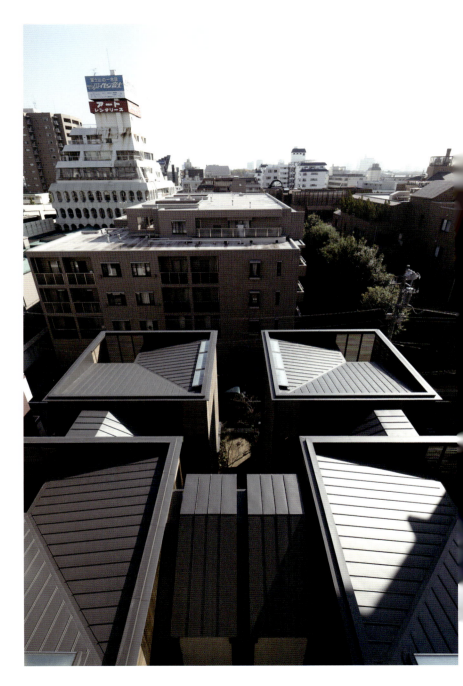

品位

建築は、一瞬の出来事かのように何か耳目を集めるこれ見よがしなものではなく、日常にいつまでも寄り添うものであり、手をかけることを厭わずに過ごしていけるものであるべきだ。建築における「品位」は、格式や格調といったそれを求めてつくり出すものではなく、一つ一つの事柄を丁寧に突き詰めた先に生まれてくるものにこそ備わる。

ディテールは何か特別な一つだけの理由で決定はしない。多方面からの複数の理由により定めることで「必然」となっていく。「西参道テラス」の外壁の杉格子パネルは、材の歩留まりといった経済的合理性だけではなく、その割付はさることながら、プロポーションや階高、内外の見えがかりの他、板金や手摺壁といった接する部分との納まり、消防の進入口としての開閉、躯体への日射の低減、そして搬入や施工性、メンテナンス性の観点と多岐にわたる理由から、最終的に3×8版サイズ程度の横格子パネルを製作して現場で取り付けることとなった。横格子パネルに加えて内外の羽目板や外部建具に至るまで丸太から製材し製作しているが、早い段階から検討を進め、丸太を準備することでコストを最小限に抑えている。

必然の細部の集積により専有の中庭部は、プライバシー性の高いきわめてプライベートな落ち着きのある場となり、共有アプローチ部は喧騒から切り離された静寂が広がる。もとからそうであったかのような、違和感やこれ見よがしの部分のない上質な品位が生み出された。

思考深く潜った先に備わる品は懐が広い。何かの制約を強いることも構えるようなこともない。おおらかに受容できるその様は、違和感のない自然体から生まれる。一方向の端的な理由のみで構築していくと思考が及んでいない部分が生まれ、そこに力任せかのような淀みが出てしまう。隅々まで深く行きわたらせた思考が統合され、表現としてその姿を現したとき、それは自ずと芯のある建築となり、寛容な品位が備わることになる。

恣意

建築は最初から最後まで人の手で生み出されるという能動的な活動にもかかわらず、施工面や性能面までしか思考が行き届かず、結果としてできてしまったような意匠となっていることがある。論理的な思考に基づいて意思と意図を統合し、必然的であることを積み重ねなければ、「結果として生まれた」という恣意的な状態から抜けることができない。

「西参道テラス」の杉板型枠の1階RC部は、小幅板張りのように杉板で仕上げた上階に似合うように設えた。壁小口を木部と同じ厚さとし、開口部のスチールサッシの見付けも同寸とした。小庇で上下階を見切ることでRC面の汚れ防止はもとより、構造やプランを明快に現し、低い重心のプロポーションにより全体に安定感を与えている。さまざまなモジュールが意図なく生まれないように、フロントを統一した寸法で仕上げている。

分棟・セットバックした配置から、上階だけではなく1階にも専有の外部を設け、共有部には整然としすぎないよう表情豊かに仕上げた三和土を施し、近くの緑道に呼応するかのように、そして「建築の奥」へと誘うかのように立体的に植栽群を配している。隣地にも理解を求め、あらゆる箇所の植栽や外構部に着手することで、全体像が経年変化によりなじみ、建築の形状やその出で立ちにやわらかい強弱が生まれるようにしている。

風景としてそこに建築が在るためには、年月をかけて育んでいくという先の未来までを見据えなければならない。俯瞰したその街の細部まで思考を掘り下げて寄り添っていけば、つきまとう「恣意」の影は消え、そこにもとからあったかのような、ただそこに一つの風景として静かに佇むことができるだろう。

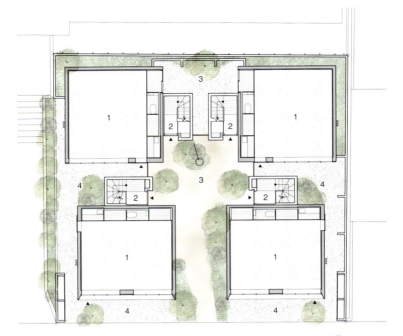

1F

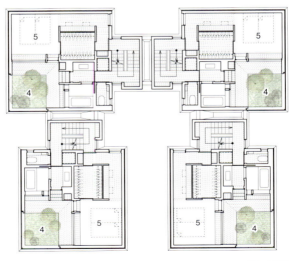

2F・M2F

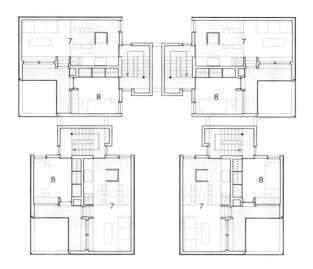

3F・M3F

1 事務所　　5 主寝室
2 玄関　　　6 収納室
3 共有庭　　7 居間
4 専有庭　　8 子ども室

PLAN

0　　　5m

西参道テラス

所在地	東京都渋谷区
竣工	2016年11月
主要用途	長屋、事務所
構造・構法	鉄筋コンクリート造、木造
敷地面積	353.10㎡
建築面積	208.25㎡
延床面積	481.06㎡

構造	mono	森永信行
造園	zoen	蓑田真哉
家具	RILNO	田中智也

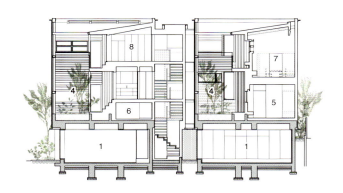

1	事務所	5	主寝室
2	玄関	6	収納室
3	共有庭	7	居間
4	専有庭	8	子ども室

SECTION

148

これからもそこに在るもの

全5章を各4節に分けて書き進めてきたが、どの節も他の節を兼ね、他の章にも成りうることに気づいた。つまり「一は全、全は一」かのように、どの段階の何からその思考が始まったとしても同じところに行く着くと実感した。より広義に捉えれば、何も建築だけではない。生み出されるものすべては、都度言葉は違えど辿り着くところは同じなのかもしれない。

必要なことは思考を掘り下げることであり、その先に見えてくる「何か」を掴むことが、創作において欠かすことができない姿勢である。その思考集積の末につくられた建築は、時代が変わり価値観が変容したとしても、理性をもって咀嚼することができ、感性に訴えかけてくる。そうした無意識化にまで落とし込まれるものこそが、そこに流れる時間軸にも溶け込み、いまもこれからもそこに在り続けることができるものとなる。

どこまでも諦めずに、いつまでも建築に対して誠実に向き合い、泥臭い道程を時に走り時に止まり、それでも進み続け、これからもそこに在り続けられる建築を求めていきたい。

2019年11月

石川素樹

石川 素樹（いしかわ・もとき）

1980年東京生まれ。建築家。
手嶋保建築事務所を経て2009年に石川素樹建築設計事務所を設立。
建築、インテリアから家具、プロダクトまで幅広い領域でデザインを手がける。
iF DESIGN AWARD iF Gold Award、日本建築学会作品選集新人賞、
グッドデザイン賞など受賞多数。

［www.motokiishikawa.com］

［写真撮影］
栃木功　　PP.6-13, PP.150-157
石川素樹　P.19, P.45, P.73, P.99
西川公朗　上記を除くすべて

［デザイン］
高階瞬

- 本書の内容に関する質問は，オーム社書籍編集局「(書名を明記)」係宛に，書状または FAX（03-3293-2824），E-mail（shoseki@ohmsha.co.jp）にてお願いします．お受けできる質問は本書で紹介した内容に限らせていただきます．なお，電話での質問にはお答えできませんので，あらかじめご了承ください．
- 万一，落丁・乱丁の場合は，送料当社負担でお取替えいたします．当社販売課宛にお送りください．
- 本書の一部の複写複製を希望される場合は，本書扉裏を参照してください．

[JCOPY] ＜出版者著作権管理機構 委託出版物＞

ELEMENTS
5つの建築 5つの断章

2019 年 11 月 20 日　　　第 1 版第 1 刷発行

著　　者　石 川 素 樹
発 行 者　村 上 和 夫
発 行 所　株式会社 オーム社
　　　　　郵便番号　101-8460
　　　　　東京都千代田区神田錦町 3-1
　　　　　電話　03(3233)0641(代表)
　　　　　URL　https://www.ohmsha.co.jp/

© 石川素樹 2019

印刷　三美印刷　　製本　牧製本印刷
ISBN978-4-274-22461-4　Printed in Japan